collection
la nonpareille*

*Nom donné à l'un des plus petits corps typographiques (6 pts) et, désormais, à cette collection de nouvelles inédites.

Eduardo
Halfon

Halfon, boy

*Traduit de l'espagnol
(Guatemala)
par David Fauquemberg*

LA TABLE RONDE

Titre original
Halfon, boy

Tu étais un grain de raisin. Au début, Leo, pendant mes nuits d'insomnie, tu étais un grain de raisin. C'est ainsi que je t'imaginais depuis que la première doctoresse de la première clinique où nous nous étions rendus dans le Nebraska t'avait décrit en ces termes. À ce stade, nous avait-elle expliqué, tu mesurais plus ou moins la taille d'un grain de raisin. Nous étions arrivés à la clinique un peu hagards. Nous avions à peine dormi cette nuit-là, tant le rendez-vous du lendemain nous inquiétait, et, sitôt entrés, l'agent de sécurité nous avait annoncé que le mardi était la journée la plus dangereuse. Il avait fallu passer sous un portique de sécurité. Vider nos poches. Ouvrir nos sacs. En inspectant leur contenu, l'agent de sécurité nous avait expliqué qu'un mardi, plusieurs années auparavant, quelqu'un avait lancé un cocktail Molotov sur la clinique. De dehors nous parvenaient encore les cris des huit ou dix manifestants qui avaient tenté de nous empêcher d'entrer. Certains exhibaient des pancartes. D'autres priaient, chapelet en main. L'agent de sécurité avait précisé que le mardi était le seul jour de la semaine où la doctoresse prenait l'avion pour le Nebraska afin de pratiquer les avortements. Je venais de traduire un poème de William Carlos Williams dans lequel une femme enceinte – déjà mère de sept enfants – demande à son médecin des pilules pour avorter, et le médecin sait qu'en pareil cas l'essentiel est d'agir vite. Et je me suis mis à penser à toi,

Leo, à penser à ce poème et à cette femme enceinte qui ne veut plus avoir d'enfants ni de grossesses, tandis que l'agent de sécurité nous rendait nos sacs en nous racontant qu'un vieux téléphonait tous les mardis, sans exception, et menaçait de les tuer tous en précipitant son pick-up contre la porte d'entrée de la clinique. Ta mère et moi avons tourné la tête vers la porte, comme pour jauger ses chances de résister à un tel impact. Nous sommes entrés, la doctoresse nous a reçus, et elle nous a dit que tu étais un grain de raisin.

*

Je suis devenu ton père, Leo, comme tout ce qui m'est arrivé d'important dans la vie : par accident. Tu grandis encore dans ce ventre alors que je traduis William Carlos Williams, mais j'éprouve le besoin de te dire certaines choses dont j'ai peur qu'ensuite, le temps et le silence aidant, elles sombrent dans l'oubli. Te dire, par exemple, que toutes les nuits je dors la main droite posée sur toi, dans l'espoir peut-être de sentir tes imperceptibles mouvements, ou pour te protéger pendant la nuit, ou bien en me disant que toi, qui dors et grandis là-dedans, tu sens ma main tout près de toi, de l'autre côté de ce monde interne et obscur qui est le tien. Te dire que je prie pour que tu n'hérites pas de mes rhinites allergiques, ni de ma calvitie précoce, ni de mes névroses, ni de ma propension à être malade en voiture, en bateau et en avion, à m'évanouir à la première goutte de sang vue ou imaginée ; mais te dire en même temps que, si tu en hérites, si tu te trouves être aussi allergique, déséquilibré, chauve et névrosé que ton père, eh bien ça ne fait rien, la vie continuera, il suffit de se moucher. Te dire qu'au petit matin une profonde sensation d'angoisse, ou plutôt de peur, m'envahit : la peur d'échouer en tant que père. Saurai-je être père, Leo ? Saurai-je être ton père ? Te dire, aussi, que je n'avais jamais eu envie d'avoir un enfant. C'est du moins ce que je racontais à tout le monde, et à moi-même, sûrement pour atténuer cette peur que j'éprouvais, que j'éprouve toujours. Je ne m'attendais plus à devenir père. Je suis devenu ton père par accident, Leo. Encore maintenant, alors que tu es en train de grandir dans ce ventre, j'ai du mal à m'imaginer comme père, à t'imaginer dans mes bras, le regard levé vers le ciel, portant tout l'avenir dans tes yeux. Peut-être parce que être père est une chose inimaginable.

*

Williams disait, Leo, que tout avait commencé par un infarctus. Il avait seize ou dix-sept ans. C'était arrivé pendant une course à pied. Il avait parcouru huit tours de piste quand quelqu'un lui cria qu'il en restait encore un. Il courut jusqu'au bout. Puis il se sentit mal. Il fut pris de vomissements. Puis de maux de tête. Quand il rentra chez lui, on fit venir un médecin qui diagnostiqua un souffle au cœur. Plus de sport. Plus de baseball. Plus de courses (ce qui ne le dérangeait pas plus que ça, avouait Williams, car il y avait dans son quartier un autre enfant qu'il n'avait jamais réussi à battre). Plus de jeux avec ses amis en sortant de l'école. Du repos, rien que du repos. Il fut contraint de se replier sur lui-même, de penser à lui-même, de se regarder lui-même. Alors, toujours selon Williams, il se mit à lire.

*

Williams ne parlait pas l'anglais, mais l'idiome américain. C'est ce qu'il affirmait, Leo, il insistait même là-dessus. Il n'aimait pas parler de langue, préférant le terme idiome. Il ne voulait pas avoir recours à l'anglais académique ou soutenu dans son écriture, mais à l'anglais de la rue, l'anglais de l'expérience vécue, l'anglais de ses patients.

*

Williams avait pour habitude d'écrire des vers ou de courtes nouvelles sur les feuilles de ses ordonnanciers. Comme si la littérature était le remède qu'il voulait prescrire à ses patients. Patients qui se transformaient ensuite en littérature. La gamine qui s'entête à ne pas se laisser examiner la gorge. L'adolescent au visage couvert de boutons. Le jeune qui, victime d'un accident à l'usine où il travaille, a moins besoin de lui comme médecin que comme conseiller juridique. Cette petite fille de onze mois qui le hante, morte parce qu'on n'a pas su diagnostiquer à temps la maladie dont elle souffre. Le vieil Italien qui, n'ayant pas de quoi payer la consultation de son épouse, lui propose de partager, en guise de communion, sa pincée de tabac à priser. Cet autre vieillard miséreux, un pêcheur nommé Thaddeus Marshall, qui garde une brouette rouge dans son jardin peuplé de poules blanches. Williams disait que son poème « La Brouette rouge » (l'un des textes les plus célèbres de la poésie nord-américaine du siècle dernier) avait surgi de cette image et de l'affection qu'il éprouvait pour ce pêcheur afro-américain qui était à la fois son patient et son voisin à Rutherford, dans le New Jersey ; un vieillard si démuni qu'à sa mort on l'enterra dans une tombe anonyme, sans nom ni pierre tombale. Sa véritable stèle, Leo, restera pour l'éternité ce poème de seize mots à peine.

*

À l'été 2015, plus d'un demi-siècle après sa mort, un musée de Rutherford organisa une cérémonie à la mémoire de Williams, en présence de quelque trois mille invités. Il se peut qu'aucun d'entre eux n'ait lu sa poésie. Mais tous, Leo, étaient venus au monde aidés par les mains de ce poète.

*

Tu continues de grandir dans ce ventre, et je continue de traduire Williams. Je pense à toi en m'attelant à l'une de ses nouvelles ou poésies de médecin, peut-être parce que tu es là, présent, dans les histoires que je traduis, dans chacune de ces nouvelles ou poésies qui évoquent des femmes enceintes, des femmes qui accouchent, des enfants abandonnés, des bébés malades ou mourants ou déjà morts. Tes petites mains sont là, présentes, dans les mots, comme si elles les soutenaient et m'aidaient à les déplacer d'une langue à l'autre. « The Birth ». La Naissance. Tel est le titre d'un des poèmes de Williams, qui en anglais débute ainsi : « A 40 odd year Para 10 / Navarra / or Navatta she didn't know. » J'ai passé des semaines à démêler ces trois premiers vers, à les lire et les relire, à faire des recherches pour tenter d'en saisir ou d'en déchiffrer le sens. Mais c'est toi, Leo, depuis l'intérieur de ce ventre, qui les a élucidés pour moi. Il y a quelques jours, nous avons reçu par la poste un document médical avec les résultats de tes analyses, et en haut de ce document, nous avons découvert les mots Gravida et Para. Ce sont deux termes médicaux. Gravida, ou Gestité : nombre de fois où une femme est tombée enceinte. Para, ou Parité : nombre de fois où une femme a accouché. Para 10 désigne une femme qui a accouché à dix reprises. Tu m'as permis de comprendre que le début du poème de Williams décrit une femme d'environ quarante ans qui a connu dix accouchements, et dont le nom de famille est Navarra ou Navatta, elle-même ne le sachant pas très bien (ce poème, comme quasiment tous les poèmes et nouvelles de Williams, évoque des immigrants pauvres et humbles qui ne possèdent rien, pas même un nom). Dans son autobiographie, Williams avoue qu'il a pratiqué son métier d'écrivain comme un médecin, et son métier de médecin comme un écrivain. Je te vois dans tous ces mots, Leo. Je te sens. Tu n'existes pas encore, mais dans ces mots tu es mon fils.

*

Williams écrit quelque part que son père était son confident littéraire, qu'il s'adressait toujours à lui lorsqu'il rencontrait un problème dans ce domaine. Eux aussi traduisaient ensemble, Leo. Ils traduisaient à deux les poèmes du Colombien José Asunción Silva, du Péruvien José Santos Chocano, du Hondurien Alfonso Guillén Zelaya, et alors que son père, atteint d'un cancer, était sur le point de mourir, ils traduisirent ensemble une nouvelle intitulée « L'homme qui ressemblait à un cheval », du Guatémaltèque Rafael Arévalo Martínez. C'est qu'aux yeux de Williams il n'y avait aucune différence entre l'écrivain et le traducteur. La traduction aussi était pour lui un acte poétique. Le travail de l'écrivain et celui du traducteur naissaient d'un même élan créateur. Dans une lettre au poète et critique littéraire Nicolas Calas, Williams déclarait :

« Peu m'importe comment je dis ce que je dois dire. Si mon œuvre est originale, tant mieux. Mais si je peux m'exprimer (question de forme, autrement dit) en traduisant le travail des autres, cela a tout autant de valeur. Qu'est-ce que ça change… »

*

A dark Spanish beauty. Une ténébreuse beauté espagnole. C'est en ces termes que Williams est décrit en 1906 dans l'annuaire de son école de médecine à l'université de Pennsylvanie. Car ces William et Williams si courants – hérités de son père – font ressortir son deuxième prénom, tellement latin, aussi obscur qu'exotique, et avec lui l'indissoluble écho de la famille portoricaine de sa mère. Comme si son nom même représentait les deux pôles de sa vie, de sa personnalité : paternel/maternel, médecin/poète, science/art, ordre/chaos, apollinien/dionysiaque (jusque dans la narration de plusieurs de ses poèmes, portée par les voix de deux personnages opposés, baptisés Bill et Carlos). Dans certaines cultures, Leo, on estime qu'en se présentant à quelqu'un on lui offre une partie de soi-même. Comme si le nom était une entité physique ou un membre supplémentaire de notre corps. Ton nom, c'est toi, d'une certaine manière, qui nous l'as dicté. Il n'y a eu ni discussion, ni débat. Il n'y a pas eu d'autre choix possible, ni d'inspiration subite. Si j'avais cru à l'inspiration, je t'aurais dit que selon les rabbins et cabalistes de l'ancien temps, les parents reçoivent une étincelle d'inspiration au moment de donner un nom à leur enfant. Mais l'inspiration n'existe pas. Ta mère et moi étions assis dans la salle d'attente de l'hôpital du Nebraska, juste après t'avoir vu pour la première fois sur l'échographie. À quatre-vingt-dix-neuf pour cent, m'avait répondu l'infirmière quand je lui avais demandé si elle était sûre que tu étais un garçon. Regardez ses parties génitales masculines, avait-elle ajouté l'air presque désolé, en pointant du doigt l'écran noir. Jusque-là, je ne t'avais imaginé ni garçon, ni fille (dans mon esprit, tu étais encore un grain de raisin), et je n'avais même pas voulu réfléchir à des noms. Nous venions de nous rasseoir dans la salle d'attente de cet hôpital, après notre rendez-vous, quand ta mère m'a dit qu'il était dommage que mon grand-père polonais se soit appelé León, parce qu'elle aimait beaucoup ce prénom. Ni elle ni moi ne voulions que tu portes celui d'un autre membre de la famille. Sans même réfléchir, je lui ai répondu que moi aussi, je l'aimais bien, mais pas León – plutôt Leo. Et ce fut tout. Nous t'avons vu pour la première fois cette après-midi-là, à l'hôpital, si petit et si flou sur l'écran noir et, à nous deux, nous avons prononcé ton nom.

*

Des voisins du Nebraska, sur le point de déménager dans une ville lointaine, nous ont offert aujourd'hui un vieux piano qu'ils ne pouvaient pas ou ne voulaient pas emporter avec eux. Un énorme fossile, très beau, en mauvais état, de marque Tryber. Il doit avoir presque cent ans (un papier jauni collé à l'intérieur précise qu'il a été accordé pour la première fois en 1924), et je n'ai aucun mal à l'imaginer dans un saloon perdu aux confins du Nebraska, à moitié désaccordé et couvert de poussière, entouré de cow-boys et de prostituées. J'aime le son de ce piano. J'aime le voir là, contre le mur de notre maison, si imposant, si déplacé. Williams a grandi en écoutant sa mère jouer sur un piano de ce genre, un vieux Lindeman & Sons, modèle Melodigrand, et cette musique de l'enfance allait se manifester de manière évidente dans sa poésie, son œuvre littéraire. Peut-être que toi aussi, Leo, tu grandiras en écoutant la musique à moitié désaccordée et empoussiérée de cet ancien piano de cow-boys (cela fait quasiment neuf mois que tu écoutes la version enregistrée d'une cantate de Bach, ma préférée). Alors, la première chose que j'ai faite ce matin a été de m'asseoir et de te jouer cet exercice que j'ai répété tant de fois, enfant, sous le regard inquisiteur et constamment furieux de la señora Sapperstein, ma professeure de piano : le même morceau, joué dans différentes tonalités. D'après Schopenhauer, une traduction est au texte original ce qu'un morceau de musique est à sa transposition dans une autre tonalité. C'est le même morceau, sans l'être tout à fait.

*

Dans la maternité de l'hôpital du Nebraska se dresse un grand mur en bois d'à peu près cinq mètres de large sur deux mètres de haut, percé de petites fentes ou fissures. Ce matin, après une visite de contrôle – une de tes dernières, je l'espère –, je suis resté planté devant ce mur, à le contempler pour tenter d'en saisir le sens, jusqu'à ce qu'une infirmière passe et m'annonce que c'était un mur de prière (a prayer wall). Elle m'a montré une boîte faite du même bois et remplie de petits papiers rouges pré-imprimés, et m'a expliqué que tout visiteur pouvait prendre un petit papier rouge pour le glisser dans l'une des fentes ménagées dans le mur, et déposer ainsi une prière pré-écrite au nom d'une mère ou d'un nouveau-né. J'ai pensé lui demander ce qu'il advenait ensuite de ces petits papiers rouges, si un curé ou un concierge passait le soir les retirer du mur pour les remettre dans la boîte, à la disposition des visiteurs du lendemain. J'ai pensé lui demander si toutes ces prières étaient une seule et même prière, ou si chaque petit papier rouge était différent. J'ai pensé lui demander si l'on pouvait écrire la prière de son choix sur un petit papier rouge. Je me suis demandé quelle prière j'aurais écrite pour toi, Leo, quel vœu j'aurais prononcé en ton nom si l'infirmière m'avait donné un petit papier rouge vierge.

*

C'est aujourd'hui, jour de la saint Jérôme, patron des traducteurs, que tu es censé naître. Dans l'une des nouvelles de Williams que j'ai traduites, il y a un bébé qui est d'abord une fille et qui, quatre ou cinq pages plus loin, devient un garçon. Au milieu de l'histoire, sans aucune raison apparente, cette petite fille de cinq mois se transforme en petit garçon du même âge. Une coquille de l'auteur, sans doute. Mais comment traduire cette nouvelle ? En corrigeant ce que l'écrivain lui-même n'a jamais corrigé ? Ou en restant fidèle à cette négligence, au risque qu'on la prenne ensuite pour une erreur de l'éditeur ou du traducteur ? Faut-il traduire les coquilles, les erreurs, les incohérences ? Devons-nous être fidèles aux mots de l'auteur ou à ses idées ? Le texte original est comme un projectile, disait Foucault, et la langue dans laquelle on le traduit est le cœur de la cible. D'après Foucault et son école, le traducteur doit lancer le texte original vers cette cible avec la précision millimétrique d'un tireur d'élite. Sans se tromper. Sans aucune interprétation. Sans la moindre modification. En ligne absolument droite et en restant absolument fidèle à chacun des mots du texte original qu'il est en train de traduire. Mot pour mot. Les éventuels problèmes – manque de naturel, cacophonies, ou incompréhension de la part des nouveaux lecteurs – peuvent être considérés comme des dégâts collatéraux. Fidélité totale et absolue au texte littéraire, donc, même si cette approche a une connotation sacrée, morale. Nabokov va jusqu'à estimer qu'une traduction libre devrait être considérée comme un crime contre l'auteur. « La traduction littérale la plus maladroite – écrit-il – est mille fois plus utile qu'une belle paraphrase.» Mais la littérature est-elle une chose utile? La fin de la littérature est-elle l'utilité ou bien la beauté? Dans son analyse de différentes traductions européennes des *Mille et Une Nuits*, Borges célèbre la créativité et l'originalité des traducteurs. Il fait l'éloge du traducteur français qui «ajoute des paysages Art nouveau, de louables obscénités, de brefs intermèdes comiques, des détails, des symétries, un certain orientalisme visuel», et dont «l'heureuse infidélité créatrice» est capable de transformer dix mots du texte arabe en un beau paragraphe de sept lignes en français. À l'inverse, Borges critique les traductions allemandes, fidèles au point d'en être littérales – elles sont, écrit-il, d'une absolue franchise –, car elles n'apportent rien de nouveau en termes d'échange littéraire. C'est que Borges ne voyait pas la traduction comme un instrument destiné à lancer le projectile littéraire vers la cible d'une nouvelle langue, mais comme un processus d'échange à travers lequel les deux langues, et les deux cultures, s'enrichissent mutuellement. Une traduction non pas mot pour mot, mais « sens à sens », comme l'écrivait saint Jérôme. Alors, Leo : petite fille ? Petit garçon ? Ou bien les deux ?

*

Je suis en train d'achever la traduction de Williams, et tu te rapproches. Ta naissance se rapproche. Et mon angoisse ne fait que croître, la nuit surtout, entre deux rêves. Tu es la première chose à laquelle je pense quand j'ouvre les yeux dans le noir. J'essaie de prendre dans mes bras ta mère, à mon côté, pour sentir tes mouvements, tes petits pieds qui poussent et ainsi, peut-être, me calmer un peu, mais la position est devenue inconfortable et je ne peux presque plus le faire. Je me demande si tous les jeunes pères se réveillent la nuit avec cette peur-là. Parfois, allongé sur le dos dans l'obscurité, je culpabilise de t'avoir jeté dans un monde si cruel et insensé. Parfois, il me coûte de te parler dans ce ventre. Je n'y arrive pas. J'ignore pourquoi. Je trouve soudain un peu absurde de m'adresser à un ventre, même si je sais que tu flottes là-dedans, que tu m'entends et que tu comprends peut-être même le sens de mes paroles. Et puis, ici, quand j'écris, je te sens encore plus proche. En écrivant, Leo, je te sens encore plus proche. Peut-être parce que je sais que ce sont ces mots-là qui resteront, que ce sont les seuls mots qui comptent.

*

Williams aussi, au moment où son propre fils grandissait dans l'utérus, était en train de traduire : *Le Nouveau monde découvert par Christophe Colomb*, de Lope de Vega. Je me demande, Leo, s'il n'y aurait pas un point commun entre le processus par lequel on se transforme en père et celui par lequel on se fait traducteur ; entre le fait d'imaginer comment notre enfant devient peu à peu notre enfant, et celui d'imaginer comment les mots d'un autre deviennent progressivement les nôtres. Le premier fils de Williams est né le 7 janvier 1914 au petit matin, avec la première neige de l'hiver. « C'est un ours, c'est un garçon, c'est un ours ! » nota Williams dans un carnet, avant de s'asseoir pour se remettre à traduire Lope de Vega.

*

Toi aussi tu es né au petit matin, il y a quelques jours à peine, après une nuit entière de travail, un accouchement naturel. Je suis encore engourdi de sommeil, épuisé, un peu flottant, mais ce n'est pas de moi que je veux parler maintenant, ni de toi, c'est de ta mère. De sa résistance. De son abnégation totale et inconditionnelle. Elle n'a accepté aucune anesthésie, affrontant douze heures de souffrance sans rien d'autre que des cris héroïques semblant tout droit venus d'une époque ancestrale, avec une force et une noblesse que je n'avais encore jamais vues. Moi, au contraire, j'ai cru défaillir en entendant la sage-femme annoncer que tu étais trop grand et que, par conséquent, elle allait être obligée de pratiquer une incision. Rien que d'imaginer la chose, j'ai eu des sueurs froides. Ma vue s'est brouillée. J'ai dû aller m'effondrer sur un canapé. Mais une infirmière très gentille m'a apporté un verre de jus d'orange et j'ai récupéré à temps pour pouvoir revenir me poster au chevet de ta mère et lui murmurer à l'oreille de pousser une dernière fois. Elle m'a répondu qu'elle n'y arrivait pas, qu'elle n'en pouvait vraiment plus, qu'elle était au bout de ses forces, mais j'ai insisté pour que, à la prochaine contraction, elle pousse une dernière fois, tu étais déjà presque dehors. Un chirurgien venait d'arriver et avait préparé une ventouse obstétricale, au cas où ta mère ne parviendrait pas à te faire sortir seule. Mais ça n'a pas été nécessaire. Je t'ai vu pour la première fois, mon fils, à 5h38 du matin. Une infirmière t'avait déjà passé au poignet gauche un bracelet où l'on pouvait lire « Halfon, boy », et je me suis senti surhumain et rien de plus qu'humain.

Eduardo Halfon est né en 1971 au Guatemala. Il a publié quatorze livres de fiction, dont plusieurs ont fait l'objet de traductions en anglais, allemand, français, italien, serbe, portugais, hollandais, japonais, norvégien et croate. En 2007, il a été nommé l'un des trente-neuf meilleurs jeunes écrivains latino-américains par le Hay Festival de Bogotá. Il a bénéficié de la Bourse Guggenheim en 2011 et reçu le prix Roger Caillois pour Signor Hoffmann *en 2015. Son dernier roman,* Deuils *(2018) a été couronné en Espagne du prix des Librairies de Navarre, aux États-Unis du Edward Lewis Wallant Award et en France du Prix du Meilleur livre étranger. Eduardo Halfon a reçu en 2018 le Prix national de littérature du Guatemala, récompense la plus prestigieuse de son pays.*

DU MÊME AUTEUR

Saturne
(Meet, 2011)
La Pirouette
(Quai Voltaire, 2013)
Monastère
(Quai Voltaire, 2014 ; Livre de Poche, 2018)
Signor Hoffman
(Quai Voltaire, 2015)
Le Boxeur polonais
(Quai Voltaire, 2015)
Deuils
(Quai Voltaire, 2018)

DANS LA MÊME COLLECTION

Los Angeles
Emma Cline
Mary Ventura et le neuvième royaume
Sylvia Plath

Composé en Sabon Next
par Cheeri
Achevé d'imprimer
en octobre 2019
par l'Imprimerie Floch
pour le compte
de La Table Ronde
26, rue de Condé
Paris 6e

ISBN 979-10-371-0480-9
ISSN 2678-9779
Dépôt légal octobre 2019
Nº d'édition 356745
Nº d'impression 94870
Imprimé en France